Poesia ao acaso

Maurício Segall

POESIA AO ACASO

Com pitadas de prosa ondeante

ILUMINURAS

Copyright © 2005:
Maurício Segall

Copyright © desta edição:
Editora Iluminuras Ltda.

Capa:
Fê
Estúdio A Garatuja Amarela
sobre foto *Lençóis Maranhenses*, de Maurício Segall,
modificada digitalmente.

Dados Internacionais de Catalogação na Publicação (CIP)
(Câmara Brasileira do Livro, SP, Brasil)

Segall, Maurício
   Poesia ao acaso: com pitadas de prosa ondeante /
Maurício Segall. — São Paulo : Iluminuras, 2005.

   ISBN 85-7321-236-5

   1. Poesia brasileira   I. Título.

05-7731   CDD-869.91

Índice para catálogo sistemático:
1. Poesia : Literatura brasileira   869.91

2005
EDITORA ILUMINURAS LTDA.
Rua Oscar Freire, 1233 - 01426-001 - São Paulo - SP - Brasil
Tel.: (11)3068-9433 / Fax: (11)3082-5317
iluminur@iluminuras.com.br
www.iluminuras.com.br

ÍNDICE

Introdução 9

POEMAS AO ACASO

Poetar 15
Poesia 16
Júlio 18
Oh... pai, meu pai 19
De Clarissa 20
Clarissa 21
Na alvorada 22
Por vezes 23
Necrópsia 24
Na praia 25
Em Gonçalves 26
Na câmara escura 27
A sombra 28
A indefinição 29
Na paleta 30
Sem limites 31
Malbarato 32
Geleira 33
No cárcere 34
Alicerces 35
No tiro ao alvo 36

Kamchatka	37
Cinza	38
Letargia	39
Sobranceiro	40
Na madrugada	41
"À las cinco en punto de la tarde"	43
Obstinação	44
O vento	45
Calma!	46
Maxilares	47
A noite	48
Os esqueletos	49
Quantas saudades	50
O macabro	51
Mote e moto	52
A garoa	53
No cochilo	54
Antena	55
Mistério	56
Passa tempo	57
Quantos séculos	60
O elixir da vida	62
Na repetência	63
Raios e trovões	64
Angústia	65
Repeteco	66
Inconformismo	68
Cidadão	69
Sol nosso de cada dia	71
As águas vão rolar	72

A proa 73
Nas estepes 74
No embarque 75
Impasses 76
Ode pós porre 79
O limbo 81
Estertores 82
Garatujas 83
O ímã 84
Morte 85
Vozes 86
Na pressão 87
Catarse 88
Multidão 89
Inércia 91
Onde residem os deuses 92
No devaneio 93

ALGUMAS PITADAS DE PROSA ONDEANTE

As epopéias e odisséias 97
Do Potenkin ao Palácio 98
De Kiangsi à Pekin 99
Do mundo à Madrid 100
De Leningrado à Stalingrado 101
Do Gueto aos Campos 102
Dos céus aos subterrâneos 103
De Jerusalem à Jerusalem 104
Da Armenia à Siria 105

De Buda à Gandhi 106
De Dien Bien Phu à Saigon 107
De Kinh à Mandela 108
De Moncada à Havana 109
Da Palestina à Palestina 110
De 2000 à 2005 111
De Guerras em guerras... 112
Guerra é guerra 113
Guerra e moral 114
Guerra após política 115
Guerra é carnificina 116
No cultivo das guerras 117
Na guerra 118
Nas comemorações das Guerras 119
Constantes guerras 120
Nas guerras 121
Em panorama de guerra 122
O absurdo das guerras 123
Epílogo 124

REMATE

A banda volteia 127

INTRODUÇÃO

Desconfio, sinceramente, que este meu livro possa ter chegado aos limites na qualidade da minha criatividade poética, seja esta qual for. Relutei em procurar publicá-lo, pois estava incerto se o seu nível era, pelo menos, um pouco superior, ao do meu segundo livro de poemas, *Dos bastidores à ribalta*. Amigos que consultei me convenceram que este era o caso e, assim, cá estou eu novamente, pleno de pretensões, expondo-me em público. Decisiva, obviamente, foi a posição corajosa e desprendida do meu editor e amigo, Samuel Leon, de editá-lo para dar a conhecer a mais pessoas, além do meu círculo mais próximo de amigos, como anda meu universo poético. Espero que esta sua decisão tenha sido mais pautada pelo editor do que pelo amigo. A vocês, meus possíveis leitores, a última palavra, pois o livro tem que falar por si mesmo; resta me esperar que seja ouvido.

Procurei depurar, seja qualitativa, seja quantitativamente, as primeiras versões dos poemas que escrevi, após a publicação do meu livro anterior em 2002, para o primeiro capítulo "Poemas ao acaso" no qual os títulos da maioria dos poemas deste capítulo e dos demais textos do livro não são explicativos ou prenúncios em si mesmos, mas são sua parte intrínseca e inseparável deles. Enfrentei esta tarefa, não somente tomando em conta, mas agradecendo, sincera e efusivamente, as considerações críticas do Samuel, como de costume, sempre conseqüentes e severas mas também sempre construtivas e positivas, o rigor profissional das dicas e o teor objetivo da orelha da capa deste livro de autoria da minha amiga de sempre, a professora Aurea Rampazzo, os comentários muito pertinentes, sobre uma parte dos poemas deste livro, do poeta e editor Alberto Alexandre Martins, vulgo "Betito" entre seus amigos, assim como, por último mas não menos importante, as opiniões da minha querida companheira Clarissa que, a despeito de seu onipresente e compreensível *parti pris* favorável, foi uma leitora qualificada, objetiva e estimulante, que sempre ouvi atentamente, e a quem dedico amorosamente este livro. O primeiro alvo seletivo nesta depuração da minha enésima versão, foram os poemas nos quais o viés racional e descritivo me parecia predominante, em detrimento do necessário viés emocional e sensível, condição *sine qua non*, a meu ver, para a avaliação da qualidade de um poema. Segundo, aqueles com imagens que me pareciam pobres, explícitas, constituindo lugares comuns ou clichês já surrados. O terceiro, poemas com atributos sintéticos insuficientes. O quarto, aqueles com ritmo e melodia pobre e, finalmente, o quinto, aqueles poemas por demais "fechados", quando a imagem se transforma em mensagem, praticamente induzindo o leitor à uma e somente uma única conclusão, nos quais, portanto, não havia uma abertura suficiente que respeitasse o seu direito de exercer mais de uma opção de interpretação ou reação sensível ao poema. Reescrevi alguns que dava e descartei o resto. Sobrou o que constituí o primeiro capítulo, "Poemas ao Acaso", deste livro.

Mas havia em mim, toda uma procura de expor, num livro dito de poesia, um campo nebuloso de trechos, digamos, de meia prosa, que tomei a liberdade de denominar "prosa ondeante", em contraste com o que, por falta de melhor, denominei prosa "nivelada" (sem segundas intenções). Nela procurei retratar minhas preocupações e, freqüentemente, a reação íntima, não só às minhas revoltas, indignações e considerações ideológicas referentes aos absurdos e às barbaridades deste nosso mundo nos XX, mas sobretudo minha admiração face à generosidade e luta de tantos heróis e abnegados na tentativa de sobreviver e de construir um mundo melhor, usando uma abordagem,evidentemente de caráter intelectual (idéias), que procurei "ondular" com imagens poéticas que todo este panorama despertava em mim. Para mim está claro que a imagem poética não é um mero enfeite decorativo, mas sim o cerne de um poema e que o surgimento desta imagem, seja em interrupções do sono, seja quando acordado, é obra de uma espécie de "acaso" psicológico, com um histórico, digamos assim, casual/causal, onde a casualidade seria apenas aparente e a causalidade apenas ainda dificilmente decifrável. E que tendo a imagem "repercutido" verbalmente no consciente do poeta, passa a ser sua tarefa lhe dar forma poética, num labor, de coração e mente, "construindo" assim um poema, numa linguagem específica, distinta das outras linguagens literárias. Espero ter chegado a este resultado no primeiro capítulo — "Poemas ao Acaso" — do presente livro.

É evidente que os "poemas" do seu segundo capítulo — "Algumas Pitadas de Prosa Ondeante" —, evidenciam um trajeto, digamos, oposto no meu processo criativo. Na sua maioria, a imagem poética está subordinada à idéia, ao evento, e estes predominam ou seja, resultam numa linguagem só aproximadamente poética, possivelmente como resultado de uma eventual salada mista do raconal/intelectual com o subconsciente. Apesar destas ponderações e contando com a tolerância do meu editor, achei que valia a pena mostrar o resultado disto tudo que está no capítulo acima citado. O máximo que ouso esperar é que este "mix" entre imagens "pré" e imagens "pós" seja palatável. A última palavra está com... suas repercussões (se houver alguma) no leitor propenso a curtir poesia, esperando (e torcendo), que sejam mais nos seus sentimentos do que nas suas reações intelectuais. Esperando e torcendo...

POEMAS AO ACASO

"Sem Clara
trevas"

Improviso do meu amigo caiçara Osvaldo Alves Morais, num bate-papo regado à cachaça no fim da tarde, na varanda da minha casa à beira mar, aos 29 de setembro de 2004, na presença da minha querida companheira Clarissa Homonnay, a quem dedico este meu livro.

Poetar
é processo
não cessa
não cesse
é preciso.

   Poesia
mineração e joalheria
      não é bijuteria

   conte
     (t)udo
da palavra
em poucos termos

arco-íris de tonalidades
     uma serra pelada
na fluorescência
      das sombras nos becos
       brilhante como o sol visto de frente
a ortografia viva
    termos ermos
        ressalta
a etimologia da linguagem
       sempre idosa e moça
desde o grunhido
    até a fala da academia
joias brutas ou polidas
    na aspereza e doçura
    que não fenecem
    envelhecem jovens
na síntese de imagens

       brotos do coração
       que não mente
             não tem idade
em notas da partitura
       no ritmo, passos e melodia
             do samba maxixe,
             valsa, tango e baião
         à sinfonia
não é para qualquer regente
não é artesania

poeta
    garimpeiro e ourives
desta jazida?

    Julio
meu neto último (?)
fecha o desfile
        do alto de seus 4 quilos
no luar crescente
que ruma veloz
para o brilho da lua plena
de horizontes recheados
        são os votos do teu avô
com resplandecência.

Oh... pai, meu pai,
de boina, chale e bengala,
paleta à tiracolo,
nas florestas de Campos do Jordão,
monólogo de pincéis,
ânsia contida de diálogo.

De Clarissa
saudades da solda
da sua epiderme
na minha pele
tal qual a tatuagem
no meu sangue
da sua imagem

      indelével.

    Clarissa
guloseima que dispensa chantilly
no saboreio do chá das cinco
entre lençóes de linho
cabeça sobre plumas
corpo flutuando
em colchão de crina feminil

porque acordar
das noites mil
nos despertares
       sem fim.

Na alvorada
dois corpos nus
          encaixados
em posição fetal

pertinência e permanência.

   Por vezes
o enlace dos tentáculos
          de uma poltrona

mais cerrado
que o abraço de braços
       apaixonados.

    Necrópsia
autobiografia
        autópsia em vida
biografia post mortem
      necrofilia
dores paridas
     vividas
       morridas
à força de fórceps.

    Na praia
        da Fortaleza

ar e maresia
ondas e marolas
curvas em passeio
o corpo exposto
      nas trilhas de areia
absorto
      absorvo
mais em contemplação
do que em exercício

      desperdício?

   Em Gonçalves
latidos e mugidos
ressoam do fundo do vale
        no fim do dia
tardam na viagem
ao topo da serra
atenuados pela altura
misturam-se ao silêncio
das cores do poente
emudecem os cinzas
e batuques da cidade
que persistem com teimosia
mas cedem à calmaria
        que me possui.

Na câmara acústica
dos cimos da morraria
escuto e ouço
o ruído zero

flutuo em levitação
no escuro da noitada.

 A sombra
da fronde solitária
   na poeira da estrada
absorve o suor
 do corpo surrado
pela inclemência
 do percurso às cegas
que brada
 o mundo por um trago.

    A indefinição
da ampulheta
      mede o tempo real
          ou o tempo é virtual?
Quem a manuseia
    é dono do momento
        ou tudo é roleta?

   Na paleta
do rosa ao roxo

   flamejo
ao sol a prumo

sem hidrante nem mangueiras
as lágrimas não bastam.

   Sem limites
na hora do bicar
           vale tudo
na cozinha ou na rinha.

Malbarato
viver é vida
vivida
vida desperdida
é sofrer
disparate

Geleira
no frio na espinha
ou gelo na alma
    como escolher
    se o calor
    partiu (com) o sol?

    No cárcere
ao mirar no espelho
o ofegar da alma

antes arfar
como os cães.

Alicerces
passos rastros
calcar lastros
pisar arestas
sangue nas pedras

pés no ar
a vista no céu
deslumbre dos astros
impossível tocar

como lastrear
     fundamentos?

No tiro ao alvo
tiro de letra
    acerto a mira
    erro a rota.

Kamchatka*
alçar-se do "huis clos"
aos cumes e cimos
só acessíveis
pelo alpinismo da dor

paga a pena
       o vôo?

---

*) Referente ao filme do diretor argentino Macelo Piñeiro

A Garcia Lorca

    Cinza
das minhas tardes
que te quiero verde
       te quiero multicolor
para afugentar minhas dores.

Letargia
bicho-preguiça ao enésimo arrasto
mais forte que camisa de força
na hipnose do vazio.

    Sobranceiro
passeia pela vida
sobrancelhas em arco
        naso empinando pipas
        cego onde pisa
mas cuidado
        mesmo calçado
        sujeito a escorregões
                em dejetos
        à picadas de cobras e escorpiões
                      mortais

fatalidade, apenas?

Na madrugada
a neblina brota dos fundos
    da garganta
      onde serpenteia o rio
adorna com afagos o topo
     da montanha
seu impacto é cinza
     por vezes branco
só penetrável por flechadas
      do astro reinante que desponta
quando evapora
   a cor do corpo despido
     é da luz do dia
as carícias do polimento
corroem a umidade da rocha
vistas do topo solitário
chove pedregulhos
nas fileiras de formigas
    brancas pretas marrons e amarelas
    a hipnose dividida entre a trilha
       e a cumeada
em fascínio pela monumentalidade
     que impregna cada trinca da arqueologia
     e beira ao misticismo

pés que tropeçam em ordem unida
        nas pedras mortas
                dispostas em quebra-cabeça
e aceleram a agonia das ruínas
        de Machu Picchu
        que já foram Inca urbe viva
            no desafio à fantasia.

A Garcia Lorca

      "À las cinco en punto
              de la tarde"

o trompete soa
o touro funga
o toureiro dança
       desdenha
a fera deslancha
a platéia uiva
a marcha fúnebre

amor brujo!

    Obstinação
chupar o bico da pêra
sugar o sumo da concha
famélico
no antepasto do banquete

gula irrefreável nos devaneios
na míngua do bi-sexto.

O vento
acelera o tempo,
recuso-me acompanhá-lo
nesta ficção científica,

é propriedade privada
    sem estamento,

imprevisível.

    Calma!
Na ânsia
a pressa não dá conta
           da tarefa
apressa o tropeço
           na lama

passo a passo
           paz d'alma?

    Maxilares
aos milhares
trituram
    em uníssono
fritura de pipocas
na algazarra do amarfanhar
    de sacos

cinema
pós-moderno
a gula sonora
abafa a trilha

no escuro
tropeço na saída
saudades
da era muda.

    A noite
que se esgueira lá do fundo
          porta devaneios ou pesadelos
impacto dos poentes
       escuros ou claros
alguns sonhos vitaminas
para que na alvorada
       o saltar do leito
seja o de David
      com sua funda.

    Os esqueletos
das árvores
nas florestas de Bruxelas
        entrevistas na bruma do inverno

pés fincados no tapete
da epiderme descartada
no arco-íris do outono

aparentam eternas
antes de trajar na primavera
os tons das novas vestes.

Quantas saudades
　　　sem idade
na memória do presente.

  O macabro
da manchete
   "alemão degusta amigo
     consentido",

e se cabeçalho virar rotina?

haja freezer,
  estamos a perigo!

    Mote e moto
da gastronomia
        gourmandise

viva a carne viva
crua ou cozida

na antropofagia
o corpo serve
       para além da morte.

A garoa
           apagava
o cabelo em fogo
o sol em riste

o orvalho paulistano
entrevisto pela veneziana
no despertar do dia
refrescava o suor
da pele mal dormida

lembranças de um passado
                imaginado
                      desejado?

No cochilo
não desfruto o prazer
        do piar das aves
        do borbulhar da chuva
nem do acordar
de sonhos de fada
        tão aguardados
"siesta" frustrada!

Antena
      do telefone celular
atenda meu chamado
      de penas e brados
do relento onde sob tranca
      acampo

mas só atende "ocupado"

sonho flanar por novos prados
      absolvido dos mea culpa
no entanto permaneço
      atolado nos tempos idos

devo finar
      sem socorro
só porque a comunicação
      não tem conserto
na solidão de um oceano
      de gentes em manadas?

    Mistério
do que faz de um sono um sonho

é o forno
nas profundezas do nosso id
mais tórrido
tão incendiário quanto
o núcleo em fogo
do nosso globo
vulcão que sempre me escapa
                    e jamais encaro

       em resumo

sou galinha ou sou ovo
não cesso de rodopiar de madrugada
nesta rinha na periferia

       almejo despertar

quando acontece
       no fim do pesadelo
onipresença da angústia
escuridão de olhos abertos
na aflição de ser decifrado
       em cumplicidade.

   Passa
   tempo
      a ordem dos fatores
          altera o produto
cor
  ação
     arma
       dura
amorosa
      mente
         amor
           tece
quebra
    cabeça
       amar
          falhar
pré
  amar
    mar
     e ar

mulher
    aço
      marca
         passo

desdenhosa
    mente
      vaga
      lume

reta
  guarda
     contra
        mão

rede
  moinho
     caco
       fonia

clara
  bóia
    furta
      cor

arco
  íris
    canta
     dor

com
  paixão
    liga
      dura

dor
  mente
    passa
      porte

com
  sorte
    boa
      morte.

Quantos séculos
serão necessários
para macetar em poeira
todas rochas da costeira

quantas gerações
para filtrar
a imundície do mar
da miséria que impera

quanto desgaste
representar o papel
de ser apenas um peão
impotente quando sola

não há fantasia
que enfeite
a angústia vivida
no real do dia a dia

desconheço a química
que amalgue
a massa de excluídos
e solde sua vontade.

água mole
em pedra dura
tanto bate
até que fura?

O elixir da vida
deslizou para as latas de lixo
                    seletivo
não consigo reencontrá-lo
nas categorias reutilizáveis

            para tirá-lo do coma.

    Na repetência
da engrenagem azeitada

o pião rodopia
      o mundo gira
           a Lusitana roda
                a entrega é no ato

a engrenagem tic-tateia

o pistão
      rareia
          falha
              emudece

fim das entregas?

Raios e trovões
ribombeiam nos altos
despertam a secura da pele

no anseio pelo tamborilar das gotas
      que ao longe
           levadas pelo vento
deságuam na fúria das ondas do mar

o brilho do sol que transparece
      nas brechas das nuvens
incendeia o ardor nos olhos
que marejam
      água e sal
na solidão da caatinga.

    Angústia
no imperativo da escolha
          entre Sancho e Quixote
          Morfeu e o andarilho
          Joãozinho Trinta e a nudez do dia a dia

é possível ser equilibrista
onde o jogo redondo
é com bola oval?

A dialética permite?

 Repeteco
do sinistro cidadão
    amarelo e verde
no deserto da cidade
    só algumas passarelas
dentre torres leigas
    de mármore ferro e concreto
barracos de plástico
    e tábuas podres
as vias mortas
    por vezes um vira lata
    fuça o vazio das lixeiras
nem uma buzina
nem um pedestre
    rodo em vão
tateio e escuto a imobilidade
    o ribombar do silêncio

a urbe se encasula
nestas trevas

    onde foi parar a vida

apagar a memória

            da culpa do passado que esvoaça
fugir da meia-noite
        logo ali na esquina
cegar com os artifícios de pólvora
que não aquecem nem cozinham
ensurdecer com o vozerio
          no oásis da Paulista
          nas gafieiras dos Jardins

de reveillon em reveillon
o primeiro minuto do ano novo
          idêntico ao último
              do ano derradeiro.

Ao cineasta Eduardo Coutinho

    Inconformismo
de alguns cabras
        bravos
          com suas fêmeas machas
marcados para morrer
        em pastos secos
por vezes rompem a porteira
        do ramerrão

ressurgem no Edifício Master
fêmeas e machos domados
        no matadouro
          ou em curral sem pão
no aguardo da morte anunciada
            que tarda
mas há teimosos revoltosos
          que acordam do olvido
            (com cicatrizes)
despertos para mudanças no contexto.

    Cidadão
amarelo e verde

no farol vermelho
            fim de tarde
ímã de meu olhar imunizado
              pelo pára-brisa blindado
desfila diante de mim
            na faixa de reservada
            cruzando com pedestres
                      de vista baixa
            abrindo passagem

a imagem da podridão em andrajos
trôpego de velhice
descalço
      pés abrigados por dejetos
poluindo o asfalto
morte à espreita
           na espera do gelo da noite
procura sepultura
nem que seja uma vaga na sarjeta

quando o farol
        acende verde
continuo no meu trajeto
        com nojo de mim mesmo

que esqueço
        no próximo
                sinal amarelo.

   Sol nosso de cada dia
alimenta o brejo
        do nosso globo
morada de bilhões de esqueletos
        nos cárceres da mais-valia
alguns poucos carcereiros
        torturam milhões de incendiados
nas queimadas da exploração

quanta penúria
        de açúcar pão e sal

onde vegetam os incineradores
                do Capital?

As águas vão rolar
de tanto choro
e rigidez da vista
no luto por cada um
dos milhões de órfãos da vida
que vislumbro no clarão do sol
e no lusco fusco dos pesadelos

como filtrar o pranto
                      que brota do lodo?

   A proa
        do *Skorpius III*
mergulha
      no tapete de gelo
da geleira Amália
            que cega

um condor à distância
compete com o brilho da neve
embarco nas suas asas
num cruzeiro através das nuvens
                     ruído zero
insulamento
       alienação sem destino
um vácuo repentino
um despertar momentâneo

ansioso procuro um pára-quedas
para planar de volta
aos pés fincados na terra.

   Nas estepes
da Patagônia
a vista rodopia
num só horizonte
onde a redoma celeste
toca os limites do disco da terra

                espaço imóvel

meu impulso de Ícaro
esbarra no arame farpado
sou barrado nas porteiras
anseio ser leve como a brisa
mas peso como bigorna e poita
não consigo transpor
o centro do universo que ocupo

sou grão de areia
           sou poeira.

No embarque
a ansiedade desliga
          por si mesma
flutuo quinze jornadas
longe do dia a dia

deslizo nas geleiras
          zero grau
          não sinto frio
devaneio nas estepes
          não há gente
          tenho companhia
sem fronteiras
          o espaço é meu
          reina a pertinência
no infinito da Patagônia

rejeito meu outro mundo
que teima e não fenece

no reembarque à rotina
do trópico urbano
na ansiedade do retorno
tremo de frio
sofro de solidão
pertenço mas despertenço.

  Impasses
da vinda ao nosso planeta
na paisagem desta viagem
     do espermatozóide aos vermes
        quando tudo termina

   plena de prados e despenhadeiros
     desertos e florestas
     mar e serra
     crimes e afetos
     paz e guerra
     de mortes morridas ou matadas
        nos desfiles do dia a dia

todos tentamos navegar
    com motor
      remo
      à vela
     ou pegando ondas
   mas sou ignorante nos mistérios do sextante
       não sei surfar
    a prancha coberta com a lama da indigência
        é escorregadia
    as trincas e arestas da selvageria
     esgarçam palmas solas
        e fantasias

periodicamente
        Eros gerador de milhões de energias
                libera instantes de amnésia
  e o amor que por vezes se intromete
            adoça a água marinha
        que arde nas feridas
              das inequalidades da vida

posta a mesa
        qual o papel que represento
           nesta tragi-comédia
          que não é vida travestida
                mas apenas caravana movida à turbo

como optar se não conheço
        o esconderijo do livre-arbítrio

será possível desgarrar-se das amarras
              paridas pelas contradições
                    deste percurso,
                      conter o choro
                          mas soluçar revolta

será possível derrotar
          por vezes
              as feras que irrompem
                    do fundo da floresta,
                    das frestas da aridez do sol
                    e das trincas de nós mesmos

será possível ressuscitar
            neste combate
                        com guirlandas e felicidades
                                                algumas vítimas
                        e assim receber a morte,
                                    que é só morte
                                                com o constrangimento
                                                            de um sorriso estampado
                                                            que não seja apenas
                                                                        um esgar
                                                                                    na máscara de gesso?

Por via das dúvidas
            favor fechar meu caixão,
                        de pronto!

    Ode pós porre
folgo
tomo
copos
após
goles
logo
sobem
postes
imóveis
movem
trovo
motes
coiote
foles
bode
grogue
rodo
fóbico
vômitos
escatológicos
divisórias
somem
rolo
solo
dormitório

acordo
voz
mole
só
sóbrio
soçobro
sobra pó

ORA PRÓ NOBIS.

    O limbo
na corda bamba
    à espera do juízo final
atravessar o limiar
    os ossos intactos
tarefa de funâmbulo.

    Estertores
por vezes
       no subcutâneo
tremores na pele

mergulho
nas ondas em alta
       à beira do suportável

na temperatura em baixa
erupção contida
       pela idade da pedra
ausência de lavas
terra infértil

sobrevida incerta.

Garatujas
fragmentos de idéias
        sem container
ferrugem viva
        dos sonhos
quisera ser coruja
        durante o dia
no vislumbre do vazio
        o vento uiva

na madrugada
        chegou a hora
da queima de arquivos?

O ímã
da lareira ligada na lenha
não tem usina movida à água
tem floresta queimada à madeira

na voltagem zero
temperatura vermelha

o diálogo vista/fogo
magnetiza o flutuar
                no nada
sem lenhos
o crepitar da brasa
                bruxuleia

imerso na penumbra da sala
                indago
vale a pena romper o magneto
                volver à vida?

    Morte
caveira ambulante
perambula por sonhos
              ou pesadelos
vampira dos alentos
voracidade do apetite
              por últimos suspiros.

Vozes
                tossem nozes
           como mil fundas
        cospem balas perdidas
      de água alho mel e chumbo
              após tiroteio
        urros urros urros urros
morte morte morte morte morte...

Na pressão
do fundo do poço
sou esponja comprimida
rendendo as últimas gotas
que só aspergem
mas não irrigam
    a sede de viver.

   Catarse
           enxuta
ao sair de casa
no pulsar da urbe
         não em ondas
         mas em solavancos
                 tal britadeira
no cotidiano das jornadas!

O que continuo fazendo aqui?

Multidão
que rola fora de cadência
    em cacofonia
é inércia na luta de sumô
botulismo em lata
carro em paralisia
óculos opacos mirando o sol

o que estou fazendo aqui
tal milho no pilão
cana na moenda
ou uva sob a sola
do pé no chão

soterrado no caos metropolitano
onde maso passa a sadismo
alimentado pela morbidez
das fantasias do instinto

isto é vida
ou morte
    antes da hora?
*) – "O que então aduba minhas raízes em São Paulo
e me adere a ela como a garoa nos paralelepípedos na
madrugada?
Talvez seja porque do alto do Jaraguá e Cantareira

eu me irmane com todas estas formigas da baixada que,
do chá ao tietê, nadam contra a correnteza do asfalto
ou se afogam industrializadas como café em lata".

**) – "Então por que continuo nesta São Paulo povoada
do horror urbano e não me refugio nos poucos prados
que ainda sobrevivem
neste mundo iníquo, torto e louco?
Talvez por que meu coração,
de novo infantilmente desalienado,
pertença ao solo pátrio
        da Vila Mariana".

(*) (**) Estrofes finais dos poemas "Só para Paulistano" e "Ode à Vila Mariana", publicados no livro de poemas da minha autoria *Máscaras ou aprendiz de feiticeiro*, Editora Iluminuras, São Paulo, 2000.

Inércia
do arrasto no vácuo
tropeço na gravidade zero
flutuar ao sabor da brisa
    na transparência da densidade
    nado livre no líquido de nada
abeirar-se da morte
    renegando Deus
agarrar-se à vida
para chegar à aposentadoria
    da ficção da imortalidade
no apagão da energia
retorno "ad-eternum"
    ao mesmo ponto de vista
forçar o labor da rotina
    ao içar-se do leito
        Morfeu sumido
banalizar afetos e amores
ler sem distinguir letras
    surdo 'as melodias
só me resta encarar
    nas fotos branco e preto
        a monotonia da paisagem.

Onde residem os Deuses
 que jamais alguém tateou, ouviu, cheirou ou viu?
Ocultos nos palácios de Roma, Jerusalém, Meca, Benaris,
 demais templos, terreiros e tantos lares,
rinhas onde pululam submissos seus vassalos,
 de todos tipos e classes?
Mesmo que seus fantasmas,
criados pela fértil imaginação dos homens,
se dignem freqüentar por vezes,
é certo que não habitam
 os campos, vales e montanhas,
 nem as ruas, avenidas e vielas das cidades,
rinhas onde vegetam, definham e morrem
os excluídos descartáveis
em nosso mundo todo que se transforma,
 célere a passo de ganso,
num global cemitério;
maldição
 abençoada por todo tipo de divindades,
onde predominam as covas rasas!

No devaneio
mirando a cascatinha
       no sereno da mata
contemplo água
que nasce da terra
acaricia as pedras
desliza e tropeça aos trancos
       nos meandros e nas represas
       nas quedas e nas barragens
       nas inundações e nas secas
chega ao mar
       ora reflete a lua
       ora revolve em fúria
evapora no ar
nutre as nuvens
em meio a temporais
de trovões e raios
deságua em chuva
retorna à terra
em círculo vicioso
ou em ronda virtuosa

acordo da hipnose
do moto contínuo
reflito tranqüilo
quanto me resta
antes de retornar
          com ou sem solavancos
à terra madre
no fim do meu ciclo
          de vida.

ALGUMAS PITADAS DE PROSA ONDEANTE
(Simbiose de reflexão e sentimento)

Epopéias, Odisséias e Guerras do Século XX

> Sem sol
> a lua não se basta
> é nada!

As Epopéias e Odisséias do século XX, ecoam nas cordas da minha sensibilidade, atingida em tons rúbios de alta freqüência, pela lembrança dos poucos ou muitos sedentos de sobrevivência, em plena agonia de utopias, com o norte da justiça alimentado com ideologias ricas da dialética da vida, sempre fraternos, mano a mano, movidos à luz de uma chama, encararam pelejas pela construção de edifícios povoados por compaixões e alegrias, faróis apontados para horizontes longínquos, quiçá inatingíveis, formigas nas trilhas da mata contra alcatéias ferozes nas arenas sedentas de sangue, onde o mote das feras sem focinheira era a morte matada dos mais fracos, que lutaram para derrotar a exploração e a miséria e poderem morrer de morte morrida após o desfrute da vida, multidões lideradas por estandartes radiando milhões de lumes no colorido de um pôr de sol refletido em algumas nuvens, legitimando esta licença de tentar poetar as dádivas de tantas mortes, a maioria sem alcançar as utopias ou destruí-las na própria porfia, todas epopéias e odisséias, sucessivas ou correlatas, do século XX, serpenteando com nobre teimosia, nos apenas últimos cem dos milhares de anos de existência do apelidado "homo sapiens", único espécime do reino animal dotado com razão e emoção, tentando sempre, sem sucesso, por falta de controle sobre sua agressividade inata, lidar com a crueldade que dela nasce, beirando a barbárie, povoada de episódios tão vergonhosos, tão inimagináveis, que nenhuma racionalização, ou até mesmo Freud, esclarece, mas que, talvez, a navegação através dos tempos, que segue abaixo, ilumine... ou escureça, do Potemkin ao Palácio de Inverno Lenin e seus barbados, na alvorada do século XX, herdeiros de outros barbudos do século retrasado, e tão visionários quanto, sócios fundadores de uma Associação de nome Partido dos Ideais do Marxismo, sem portos em mares, rios e lagos mas com poitas nos campos e porões nas cidades, com a persistência de roedores, remaram juntos deixando para traz muitos afogados camaradas, e conseguiram numa alvorada, ancorar um sonho e alimentar uma ideologia que, para muitos, entre os quais me incluo, não esvaneceu, apesar dos imprevistos no percurso da história, que geram pesadelos povoando ainda hoje tantos de nossos sonos que só o despertar, talvez resolva, de Kiangsi à Peking no outro lado do mundo, no desafio ao ditador Chiang e apaniguados, dois revoltados em estado puro, Mao e Chou, sucessores dos marújos do Potemkin, encabeçaram um longo "treking" de milhões do bilhão e tanto de formigas cobertas de famina, olhos alongados plenos de fadiga, até então encadeadas em correntes rompidas a golpes de determinação com punhos cerrados, sobreviveram livres na madrugada do novo século, candidatos à líderes do mundo inteiro, num futuro nebuloso povoado de desafios pantanosos sem resposta, que nos perturbam e atormentam, dificultando qualquer utopia, do Mundo à Madrid ao som de olés da Internacional, jamais tantos irmãos e primos voluntários, se juntaram e cruzaram por solidariedade continentes e oceanos, para enfrentar o testa de ferro dos touros importados, chifres em cruz gamada, nos ensaios de hecatombes jamais acontecidas ou imaginadas, ludibriados pelos "aliados" vizinhos, saxões e galêses, pagaram alto preço, simbolizado pelas poças de sangue no Fossar de la Pedrera na mítica Barcelona, ou sobreviveram para continuar resistindo em numerosas outras fronteiras, dourando minha imaginação de adolescente, a despeito da "real" politik, em nome de "males menores", que anuviou, na derrota, o céu que parecia tão radioso, de Leningrado a Stalingrado a invasão de gafanhotos e hienas, dentes afiados, num tanque gigante, manobrado por coveiros famintos por cadáveres de mujiks para inundar as valas comuns, arrastou-se na estepe que se converteu em gelo, contabilizou milhões e milhões de mortos, civis e militares, antes de encalhar nas muralhas e na resistência em campos de neve, plenos de coágulos de sangue, de mártires e heróis da causa socialista, com a tradição do amor por sua Pátria, possibilitando a libertação de Auschwitz e Londres e restabelecendo no mundo inteiro a vontade e a esperança da superação da barbárie, reafirmando o orgulho que sinto pela minha ascendência russa, do Gueto aos Campos em Varsóvia, heróis e mártires de todos sexos e idades, na resistência de antemão sacrificada, entre as quais crianças circuncidadas, na mira de fuzis dos infantes da cruz gamada, as duas mãos levantadas ao alto, para serem embarcados e seguir viagem comprimidos em vagões de gado, "temperadas" para o sacrifício em altares sacralizados de uma religião sem divindade, com seus matadouros de seres humanos decretados inferiores, sem cotação na Bolsa de Valores, descartáveis, números conversíveis em cinzas nas caldeiras a gás de alta produtividade, inventos geniais de indústrias modernas com patentes registradas e cotação nos mercados do mundo inteiro, rendendo dividendos gordos até hoje, nas quais eu também teria sido queimado, não tivessem meus avós migrado para outras paragens, felizmente... mais tropicálias, dos Céus aos Subterrâneos ao cair da noite, o martírio de Londres, sucessora de Guernica, no balé dos cruzamentos de holofotes, iluminando chuvas de ferro e fogo em pacotes de suásticas, entregues à domicílio por veículos V1 e V2 marca registrada Von Braun, então futuro guru atômico dos "irmãos" do Norte, que soterravam em catacumbas e rios de esgoto subterrâneos, a abnegação de um povo, alvos civis indiscriminados, de todos sexos e idades, convocados por sirenes de alarme, aglomerados como sardinha em lata, no aguardo do início de outra dia... e outras noitadas, até que rompesse, para os poupados, o mortal círculo vicioso com o término da porfia, da qual participei à distância, com a insônia de pesadelos povoados com a ameaça da possível vitória da barbárie, de Jerusalém à Jerusalém de Paulo a Herzl via Aushwitz ao ano que vem em Israel, na odisséia mais duradoura de um povo disperso, cerceado, gaseificado, massacrado nas estradas, nos guetos, nas trilhas e nas vielas do tempo, por inquisições, pogroms e "campos", que, em nome da reconquista da dignidade e da sobrevivência, retorna às pastagens do ponto de partida, na travessia do Mar Vermelho, renascendo nas praias do Mar Morto com nova vitalidade, mas ao preço inaceitável do pisoteio na areia de outro povo que sobrevivia nos mesmos pastos, possíveis abrigos para novas alvoradas ecumênicas, como em Córdoba no passado, ameaçadas, que a história nos guarde, por eclipse total e final do astro que nos aquece, da qual eu também me sentiria culpado, da Armênia à Síria a saga de outro povo, aperitivo do Holocausto, exibiu sua condição secular de perseguido, nas mãos dos Jovens Turcos que, em nome da purificação étnica num Estado laico, sacrificaram hum milhão de cristãos armênios, numa outra grande marcha, esta de perdedores com destino à morte, sobreviventes descendentes dos Uruatuanos de antes de Cristo, lutando ainda hoje pela sua vida e identidade, separados, cercados e ameaçados, por fronteiras de diversas etnias e paises, o que me leva a bradar que sou, como judeu branco, também armênio, árabe, muçulmano, palestino, cigano, amarelo, negro, de outras cores, raças ou etnias, agnóstico, ateu, devoto de mil crenças, ou seja, de qualquer outro ser humano discriminado neste mundo, de Buda a Gandhi o Mahatma da oferta da outra face, empunhou a palavra falada sem jamais erguer o punho cerrado, liderou procissões de milhões de colonizados, muçulmanos e hindus de todas as castas, tocáveis ou intocáveis, lixo depositado em cestas estanques, na luta pela independência da metrópole, invadiu o quintal do lucro da Cia. das Índias, sem empunhar armas da morte, impotente liberou ódios centenários, morreu assassinado, dando fim ao reinado da tolerância, marcando a história das margens do Ganges com o exemplo do lado melhor da face do ser humano, o que nos deveria obrigar a forçar mais a flexibilidade do nosso rosto, mesmo quando calcificado na velhice, de Dien-Bien-Phu a Saigon Ho e Giap, Davids com fundas de patriotismo, sem paciência para oferecer a outra face, humilharam gauleses, depois pelejaram anglo-saxões nos arrozais e florestas desfolhadas pelos "agentes laranja", dos quais fugiam crianças em pêlo, apavoradas, tal corças caçadas com disfarces de tochas de napalm e derrotaram as usinas de morte do golias de ultra-mares, no resgate da altivez na independência, que todos nós contemporâneos da esquerda antiimperialista apoiamos e louvamos de coração e testa, de King a Mandela descendentes de escravos que renegaram o "Pai Thomaz", ou tribais colonizados, dos USA à África, neo-servos, múltiplos matizes de uma só cor, unidos na resistência, nem sempre passiva, à marca registrada de raça inferior, abastecida pelo ódio aos atrevidos níveos (já derrotados uma feita por dourados), que continuam no desrespeito, preconceito e opressão de crioulos, mulatos e "morenos" no mundo todo, escolhidos à granel, que só terão um termo aceitável na irmandade de todas as cores da humanidade, luta inclusive entre nós, da qual me considero militante, de Moncada a Havana via praia, serra e baixada, neobarbudos, Fidel jovem idealista e Che teimoso romântico vitalício, bússolas da utopia, e companheiros, duros mas sem jamais perder a ternura, atravessaram oceanos, rastejaram na floresta, escalaram montanhas, baixaram à planície, brandindo a bandeira da expulsão de jogadores, proxenetas, exploradores e mafiosos de todos os bordos, "irmãos" do norte e seus testas-de-ferro, na reconquista e manutenção sacrificada da independência e dignidade com alfabeto, hospital, cantina e teto, malabaristas na corda bamba do século ianque, ameaçados diariamente de invasão e atentados, mantêm o sonho socialista, numa lição para nossos irmãos da América Latina, que todos nós brasileiros com ideologia, coração e mente do lado certo, não obstante os custos da História, aplaudimos com emoção concreta, da Palestina a Palestina finalmente, na agonia do século que se foi, em pleno conflito ecumênico na trilogia monoteísta de Jehová, Deus e Allah, penamos com a dura caminhada de outro povo em revolta com a usurpação de seu território e de seus sofrimentos na U.T.I. da história, agora maometana, que encena o regresso impossível, mas com a bandeira de uma Pátria, na luta contra o invasor, também com instrumentos inaceitáveis, a exemplo do que fazem os demais sócios da ONU, na porfia suicida em nome de Allah, e sobrevive altaneiro, na passagem da soleira do novo século por uma porta tão estreita, onde não consegue passar a espessura do pessimismo realista que me domina, de 2000 a 2005 ainda na vigência pós-século XX, dos velórios ou comemorações das epopéias e odisséias do pré-século XX, emociono-me com o batuque dos trovões e luares do passado, mas brota o ronco dos "mea culpa", os socos no peito, pranteio as oportunidades perdidas por ter nascido tarde, e repousado em berço de ouro no sono dos justos, longe dos baixos dos viadutos, e longe dos horrores das guerras, que já dominam as telas na mídia do século XXI com horrível banalidade, e apresentam maiores desafios do que aqueles dos cem anos que passaram, prenunciando, na minha sensação de impotência duradoura, numerosas noitadas com o recorrer de pesadelos, povoados de monstruosidades jamais vividas, muitas das quais, no quadro da lógica dialética da história, acontecerão, no real do dia a dia, sob o reinado da crueldade do animal humano,

De Guerras em Guerras
só no século XX, de permeio às suas epopéias e odisséias, o massacre de milhões e milhões de soldados e civis bombardeados, torturados, mortos de morte matada, em batalhas de guerras declaradas "legais" ou oficiosas (por baixo da mortalha), "justas" ou "injustas", todas "patrióticas" na ética da "real politik", os pseudo fantoches fabricados na Companhia Ltda. e nas indústrias da morte, quando por vezes, como no Afeganistão e no Irak, rebelam-se contra o ventríloquo, revelam a própria voz na montanha russa do troca-troca entre amigo e inimigo, sob o olhar vigilante do "Big Brother", quando o enredo da peça passa do realismo na política para a tragédia do humor negro, tão negro quanto o petróleo — portanto, "algo está muito, muito podre no reino da Dinamarca",

Guerra é Guerra

mas todas são guerras, ao ponderar motivos, a balança quando oscila em cada confronto ou litígio, no exercício de escolher entre "justas" ou "injustas", pesam ideologia, justiça, cidadania, hipocrisia, cinismo e egoísmo, mas quando, por vezes, na hora da decisão, a báscula acusa zero, e aparece na tela o horror total da guerra, omissão pode ser direito legal, mas o comodismo ou oportunismo da abstenção, tal qual Pilatos, não basta a si mesmo quando, da amurada do navio, o filme das gaivotas planando duas a duas em vôo rasante, piques e volteios, falsos caças de Hollywood, onde mortos são bonecos e sangue é ketchup, a guerra pode ser bela à distância, foto ou tela, mas a estética do horror carece dos pinceis de Goya ...pergunto — onde jaz a fertilidade da terra?

Guerra e moral

contradição em termos, o emotivo amortece a pesquisa da razão, a democracia adjetiva obstrui a substantiva, petróleo não é dinheiro mas é conversível em ouro ou na Bolsa de Valores, e o disfarce do pretexto em cor rosa, no mito de Tróia sempre vivo-"cherchez la femme" — o esplendor do rosto da mulher, pivô da guerra — logro, "cherchez l'árgent" nos dedos anelados de Helena, "touché"!

Guerra após Política
continuação por outros meios, assim como o sadomasoquismo é a continuação do sexo por outros meios, a violências é a continuação do amor por outros meios, a miséria é a continuação da filantropia por outros meios, a destruição é a continuação da preservação por outros meios, a poluição é a continuação da qualidade da vida por outros meios, a racionalização é a sublimação por outros meios, o homem é a continuação do macaco por outros meios, assim como a tragicomédia é que ele sempre acha outros meios,

      Guerra é carnificina
paz não o é?, no chá das cinco, no "happy hour" das Nações "Unidas", ardência nas discussões, veemência dos discursos fundamentais para o futuro da raça humana, sobre o que é paz e o que é guerra, questionam — arma é estilingue?, guerra é duelo?, estupro é gozo?, genocídio é demografia?, odor de cadáver é perfume de jasmim?, o B 505 é condor?, submarino é golfinho?, tanque é trator?, soldado clone armado é fantasia de carnaval ou é manequim forjado com luvas dedetizadoras "sábias", que desratizam adultos e crianças, tudo que consta da p(a)uta que par(t)iu um ovo já amanhecido, esmigalhada no coquetel das sete dos Estados Unidos do Mundo, desde o "idealismo" de Wilson até Bush, esta "moita" peçonhenta na história da Federação Mundial dos Clubes, que apresenta o menor número de títulos, mas abriga milhões de mortos e feridos nas torcidas manipuladas, armadas para pelejas desprovidas de regras, a não ser a lei do vencedor, onde tamanho nem sempre é documento e "cowboys" podem despencar de um garanhão determinado,

No cultivo das Guerras do século XX, o colonialismo com o farto loteamento de continentes, o imperialismo com a miséria sob domínio à distância, o neoliberalismo com a globalização sob o domínio das finanças e o emergente neo-imperialismo, neste possível último capítulo da novela do capitalismo, com a extrapolação da indigência literal e total do grosso dos seres humanos do mundo todo, em plena "bushmania" do novo império, fervor "puritas" nos bíceps de "Mister Atlas", o globo contido num único latifúndio, liberto do tratado de Kyoto e da Declaração dos Direitos Humanos, com o apelido cínico e farsesco de "Estados Unidos do Mundo",

Na Guerra
do Irak e do Afeganistão, em nome do ouro negro, da coca e do
big mac, os "primos" do norte, filhos de Tio Sam com triplas
caras, apontam "presentes" — traques e rojões beleza de foguetes
— das usinas de brinquedos temperadas com o vírus da morte,
explodindo as cabeças das crianças, laranjas estouradas, pedaços
de casca afogam em poças de petróleo, refrescam balanços de
bancos e das indústrias de morte, tremores na pele eriçam
terremotos, incendeiam incandescência do meu coração e mente
— receita do bom-senso, ressonância magnética diagnostica
impotência — riscos, raiva na saliva, murros em ponta de cimitarra,

Nas Comemorações das Guerras
nos salões dos bancos e das indústrias bélicas, à meia noite do último dia do século XX, a exemplo do que já acontecera na mesma noite e hora do século XIX, a champagne jorra copiosamente nos brindes mútuos, dos tanques aos aviões, dos canhões aos morteiros, dos fuzis às metralhadoras, das balas às granadas, dos mísseis ao átomo, todos produtos de consumo, em comemoração aos resultados acumulados do ano, devidamente publicados no *Financial Times*, e das perspectivas guerreiras do século entrante, com o oportuno brotar de terroristas de todos bordos, oficiais, extra-oficiais ou clandestinos, o novo inimigo kamicaze, pronto a morrer para alimentação das máquinas de guerra, ao proclamarem de alto e bom tom, a legitimidade de decapitar prisioneiros civis reféns, de explodir bebês a idosos e outras barbaridades mais, já legitimadas na prática, pela "jurisprudência" dos testes em Guernica, passando pela limpeza étnica de Auschwitz, pelas bombas sobre os porões de Londres, pelas vinganças das tempestades de fogo sobre Tóquio, Dresden e Hamburgo, culminando com os recados incandescentes da guerra fria sobre Hiroshima e Nagazaqui, elevando o patamar de ferocidade humana à níveis jamais imaginados, atendendo, na prática, à tese acadêmica de Maltus, que rezava que o super-crescimento desastroso da população mundial só poderia ser evitado por epidemias e guerras, leia-se matanças,

Constantes guerras "desejáveis
na história da política, a ironia da dialética na real do pêndulo
— Pax sempre —, mas não a americana, uma mão estendida,
na outra, uma bomba inteligente,

Nas Guerras
do século XX, a produtividade dos matadouros, em lucros e crueldades, chegou à cimos acima das nuvens, desde as duas assim denominadas Grandes Guerras até o acúmulo das inúmeras apelidadas de "pequenas", incorporando o trivial das notícias na alienação da psique, quando um assalto na esquina choca mais do que a morte de milhares em Ruanda, Chechenia, Kosova e hoje no Irak, os kamikazes, com alvos civis e militares se transformando em bombas humanas com alvos genéricos, prenunciando talvez um possível suicídio coletivo da humanidade, o cemitério da memória já não tem capacidade para armazenar mais mortes no atacado — onde foram parar emoção e sentimentos, talvez nem no inconsciente.

Em Panorama de Guerra
à meia noite do último dia do último mês do quarto ano do século
que ainda engatinha, já proclamado campeão de mortes matadas
per-dia em guerras ou correlatos, o novo ano já galopa com pleno
vapor no apetite sangrento de ultrapassar os rercordes do século
XX no Guiness, que pareciam insuperáveis, os fogos da pólvora
festejam com artifícios nunca vistos, cegando de espanto e susto,
com o aumento da montanha de dejetos humanos e com o
fedor da crueldade, maldição da herança da pustulência do passado,

O absurdo das guerras
"quando soldados desistem de matar e abdicam de viver"*, deixa de ser absurdidade quando o ser humano, à luz da opacidade do microscópio, dança nas contradições e paradoxos da sua essência e resulta a transparência do insuportável... sobretudo minha própria,

---

*) Trecho de artigo de Alberto Dines em meados de 2004.

Epílogo
mas nunca olvido das epopéias, odisséias e guerras no real do século XX, a vista esgotada avistando só alguns oásis, empurrando para a coxia labores tão ou mais penosos e de alto custo que os trabalhos de Hércules antes de Jesus Cristo, quando, à meia noite de 31 de dezembro de 2000, os herdeiros da memória de toda história moderna, plena de desafios, transferiram a herança a seus sucessores, filhos e netos, sem consultá-los ou notificá-los, ao atravessarem o portal do novo centenário descumprindo as obrigações do legado, a despeito das boas intenções das quais o inferno está povoado — não basta bater no peito, abastecer o caldeirão com lágrimas e resumir tudo a "vós, quando chegar o momento que o homem seja bom para o homem lembrem-se de nós com indulgência".*

---

*) Bertold Brecht — "Aos que vierem depois de nós" (escrito antes do fim de 1945).

REMATE
(Antes tarde do que nunca)

A banda volteia
o som desperta
a banda cessa
o tom adormece

a rede vai
a rede vem
o sono fenece
os sonhos também

agarre firme
a mão que se oferece
antes que seu punho
endureça e cerre.

Este livro foi composto em AGaramond pela *Iluminuras*, com filmes de capa produzidos pela *Fast Film Pré-Impressão* e terminou de ser impresso no dia 18 de outubro de 2005 na *Associação Palas Athena*, em São Paulo, SP.